colección la sirena

Niebla en los bolsillos

cuento de M. Dolors Alibés i Riera
versión castellana de Miguel Bermúdez Ackermann
ilustraciones de Pau Estrada

La Galera, S.A. Editorial
Barcelona

Voy andando despacito
porque llevo niebla en los bolsillos.

Paso por la acera
y me aparto de los que van a toda prisa.

Tampoco miro los escaparates
ni mastico regaliz.

45

Cuando llegue a casa
la pondré en un frasco de cristal
que ya tengo preparado.

Lo taparé bien tapado
con una tapa de rosca.
Y ya podré respirar hondo.

Y decir hola a los peces de la pecera.

Y dar cuatro puntapiés a la pelota.

Entonces le pediré a mamá
que escriba en una etiqueta adhesiva:

*Niebla recogida en el patio
a la hora del recreo.*

Con un rotulador azul.

Y es que todo el mundo dice
que mamá tiene tan buena letra...
y yo me invento frascos
para que cada día tenga que escribir
por lo menos una etiqueta.

Mañana, si es que hay,
me llenaré los bolsillos
de niebla de la plaza
y mamá tendrá que escribir:

*Niebla recogida en la plaza
a las doce y media.*

Con rotulador rojo.

Si no, mamá se pasa la vida
escribiendo a máquina
o manejando el ordenador.

Textos manuscritos: Marta Dòria
Depósito Legal: B. 2866/1989
Printed in Spain
I.S.B.N. 84-246-2731-8

La Galera, S.A. Editorial
Ronda del Guinardó, 38-08025 Barcelona
Impreso por Indice, S.G.
Fluvià, 81-08019 Barcelona